Círculo Rojo

San Felices, bajando desde Soria
hasta el Alhama

San Felices, bajando desde Soria hasta el Alhama

Leocadio Calvo LLorente

Círculo Rojo
EDITORIAL

Primera edición: abril 2025

Depósito legal: AL 4276-2025

ISBN: 979-13-7008-475-2
Impresión y encuadernación: Editorial Círculo Rojo

© Del texto: Leocadio Calvo LLorente
© Maquetación y diseño: Equipo de Editorial Círculo Rojo

Editorial Círculo Rojo
www.editorialcirculorojo.com
info@editorialcirculorojo.com

Impreso en España - Printed in Spain

*Para mis hijos, César y Eva, y su
mamá, Marisa. Para sus parejas, Diana y Juan.
Para mis nietas, Alba y Laura, y mi nieto, Mateo.
A la memoria de mis padres y hermanos
con todo el cariño de mi corazón.*

ÍNDICE

PRÓLOGO 11
1. SAN FELICES / SORIA (Soneto) 13
2. SAN FELICES / SORIA 14
3. SAN FELICES / SORIA (Soneto) 15
4. SAN FELICES / SORIA (Soneto) 16
5. LA LLANA 17
6. LAS ERAS 18
7. EL CHORRÓN 19
8. EL TOSCO DE SAN FELICES 20
9. EL CASTELLAR 21
10. EL MANANTIAL DE LOS HORNOS 22
11. FUENTE DE LA JANSOMERA.......................... 24
12. EL POZO 25
13. LA ANTIGUA FUENTE DEL PUEBLO 26
14. LOS HUERTOS.. 27
15. EL HERRERO 29
16. MATUSALÉN 30
17. EL CARTERO 31
18. LOS MAESTROS.. 33
19. EL CERRO 35
20. PRIMAVERA 36
21. EL HORNO 37
22. NAVIDAD EN EL PUEBLO 38
23. AÑO NUEVO.. 39
24. CIGUDOSA.. 41
25. VIRGEN DE LOS ULAGARES 42

PRÓLOGO

Corría el año 1945 cuando todavía se vivían los efectos de la posguerra como el racionamiento de cereales, sobre todo del trigo, que, junto con otros como el centeno, la cebada y la avena, se cultivaba en las piezas que se extienden por la parte superior del pueblo ocupando los valles, vaguadas y laderas de las montañas hasta los términos de los pueblos limítrofes, Dévanos, Castilruiz y Cigudosa.

En la parte inferior del mismo, en los cientos y cientos de huertos distribuidos en tablares que van descendiendo hasta los márgenes del río Alhama y regados por los abundantes manantiales que brotan constantes en las orillas del pueblo y las laderas de las montañas, se cultivaban hortalizas y legumbres, sobre todo alubias, patatas, berzas, maíz, habas…, que eran el complemento de la sobria, pero sana alimentación de los aproximados 600 habitantes del pueblo.

Todo era vida, movimiento, actividad e ilusión en la lucha diaria por una mejor supervivencia.

Dado lo agreste y montañoso del terreno, en los años 50 y 60 comenzó la emigración de la mayoría de los vecinos del pueblo hacia las ciudades, el extranjero o los diversos seminarios y centros de estudios.

Mi destino me llevó a estudiar con los maristas, donde pude realizar los estudios de Magisterio y la licenciatura, y dedicar mi vida a la docencia.

En estos poemas trato de expresar los sentimientos de afecto, cariño y admiración que en los años de la infancia quedaron grabados en mi mente y en mi corazón hacia este maravilloso y mágico pueblo, San Felices, y que perduraron profundos en mi interior a pesar del tiempo y la distancia.

Quiero ver a mi pueblo en primavera,
quiero verlo pintado de colores,
acunando los cardos y las flores,
con los huertos colgados a su vera
que paren cada día entre sudores
recios frutos, del pueblo fiel bandera.
¡Quiero besar sus pies, beber de sus chorreras!

1. SAN FELICES / SORIA (Soneto)

Alzo la vista al frente, allí te veo
como nido entre rocas colocado;
a tus pies, el Alhama doblegado
donde el saurio bebió y tomó recreo.

Larga escala de huertos en tablares,
fruto y sudor de gentes solidarias,
reliquia de culturas milenarias
de seres que gozaban estos lares.

Pégado, Monegros, La Coronilla
cubren tu espalda; al frente, El Castellar;
nunca te escatimaron la gavilla
que esparciera calor sobre tu hogar.
Pajares, eras y ese camposanto
que encierra tanto amor y tanto llanto.

2. SAN FELICES / SORIA

A Damián y Virginia

Colgado entre las peñas te bronceas,
viejo lagarto de curtida espalda;
brisa y viento se cuelan por tu falda
desde Alcarama y tú ni pestañeas.

Íbero herido con puñal de plata,
barco anclado por canto de sirenas,
derramaste tu esencia a manos llenas,
hoy no queda en la cambra ni una lata.

Pero quiso el destino compensarte
esparciendo color por el sembrado:
lavanda oliente para engalanarte,
malva, violeta, lila, azul morado.
Dejó el espliego el pedregal aparte,
debatirse entre piedras junto al cardo,
hoy frente al sol exhibe todo su arte
hincado el pie en un lecho abonado.

3. SAN FELICES / SORIA (Soneto)

Hoy mi mente voló sobre el pasado
por callejas estrechas, empinadas
y casas sobre rocas abrazadas
mirando al precipicio por su lado.

Alcé mi vuelo, observé los frentes
y vi valles y montes cultivados,
de interminables muros sujetados,
y por todo lugar brotar de fuentes.

Vi a hombres viejos y jóvenes y niños
que crecían, jugaban y soñaban;
que a la tierra y al cielo hacían guiños
y a las gentes mayores escuchaban.
Las mujeres llenando el lavadero
y pompas de jabón en el reguero.

4. SAN FELICES / SORIA (Soneto)

Nido rocoso entre las rocas puesto,
labrado con sudor de piedra a piedra,
hasta tus plantas trepan cual la hiedra
un sinfín de tablares bien compuestos.

Frente a frente te miran las montañas,
frente a frente aguantas su mirada,
por donde fue el pastor a la majada
entre cerros, roquedos y cabañas.

A tu espalda el terreno se levanta,
áspero, abrupto, pino, pedregoso,
que cultiva el labriego mientras canta
o perjura dolido y sudoroso.

Pajares, eras, lomas te coronan,
hazañas de valor tu campo abonan.

5. LA LLANA

Mirador favorito del Alhama,
plataforma rocosa en las alturas,
a aquel que te visita le procuras
las más bellas estampas de Alcarama.

Profundos valles, cárcavas, barrancos,
oasis de colores por los Caños
y el hondo cauce que en millones de años
trazó el Alhama entre los montes blancos.

Hoy mis pies a tu mesa me llevaron
por el sendero angosto y pedregoso;
hoy mis ojos tus vistas disfrutaron
como manjar selecto, delicioso;
solté mis viejos sueños y volaron
por un paraje agreste, prodigioso.

6. LAS ERAS

Como cartas de naipes esparcidas
escalando los cerros boca arriba
de un penoso pasado estampa viva,
de penas y alegrías repartidas.

Unas con otras van encadenadas,
hombro con hombro para compartir
los sudores y el gozo de parir
las semillas que ayer fueron sembradas.

Todas tan llanas, todas enlosadas,
tendidas cara al sol y a la montaña,
resplandecientes y ribeteadas
de fina hierba que el rocío empaña,
que esconde margaritas acunadas
por salvar la cuchilla que las daña.

7. EL CHORRÓN

Saludando al que accede por la cuesta
desde la carretera y lavadero,
chorro incansable, dulce sonajero,
que llama hacia un lugar que asilo presta.

Trago del campesino sudoroso
que llega con su azada de los huertos;
solaz para el turista, ojos abiertos,
que plasma imagen de lugar precioso.

Y al borde del pilón, hombres serenos
que gozan del frescor y de la brisa,
evocando viejos momentos buenos
mientras su rostro esboza una sonrisa,
cuando, en el macho, los serones llenos
volvían al hogar en paz, sin prisa.

8. EL TOSCO DE SAN FELICES

Gigante errante en roca convertido,
vigía de los montes y barrancos,
de puntillas te elevas en tus zancos
para mirar tu pueblo tan querido.

Quizás labrado en tiempos ancestrales
como prueba de hercúleos trabajos,
hoy sereno contemplas en tus bajos
huertos frondosos, fértiles frutales.

Sorteaste tormentas y huracanes,
resististe el temblor del terremoto;
ni guerras ni del hombre los desmanes
pudieron empañar tu bella foto.
Sigue mirando al pueblo y sus afanes,
llora ante su semblante casi roto.

9. EL CASTELLAR

Natural fortaleza por el frente,
venerado lugar de los ancestros
que fueron doblegando tu pendiente
a lomos de unos férreos cabestros.

Con empeño y dureza numantina
consiguieron tejer en tu costado
un lienzo de sudor y tierra fina
que irradiaba color al sol dorado.

El trigo y la cebada dieron fruto,
con la brisa ondeaban los centenos
y cerca de tu cumbre, haciendo el bruto
para un día lograr los frutos buenos,
desafiando gravedad y luto,
hombre y macho surcaban entre truenos.

10. EL MANANTIAL DE LOS HORNOS

Tú, manantial de los hornos,
brotas valiente y constante,
abriendo firme sendero
entre juncos y zarzales.

Luego, de un salto te plantas
a la vera del camino
para saludar risueño
al curtido campesino.

Si no te paran, te lanzas
dando saltos a los caños,
tallando la piedra tosca
por miles y miles de años.

Ya nadie te da un paseo
por los huertos del Vivar;
se secaron los ciruelos,
la higuera y el duraznal.
La ausencia de tus caricias
no pudieron soportar;
la tierra se tornó blanca,
yerma de tanto llorar.

En las mañanitas frescas
o las tardes de calor,
te ibas a Valdelaparra
para enjugar el sudor
de los huertos que se alzaban
del Alhama mirador,

contemplando los barrancos
de la sierra de Alcarama
y la Llana, que asomaba
a saludar tu llegada.

Oh, manantial de los hornos,
el cielo tienes ganado
por los huertos de los valles
y los montes que has regado,
por los cauces que has abierto
y los dones que has llevado.

Ya nadie llama a tu puerta,
nadie te guía a su lado,
solo alguno te visita
por los huertos de los caños;
mientras tú sigues naciendo,
mientras tú sigues saltando,
esperando que algún día
vuelvan el pastor y el ganado,
vuelva el viejo campesino
a regalarte un abrazo,
a guiarte hasta su huerto
y llevarte de la mano
para que alegres la tierra,
para que des vida al campo.

¡Fiel manantial de los hornos
que tanto huerto has regado,
nunca te des por vencido,
nunca caigas agotado!

11. FUENTE DE LA JANSOMERA

Fuentecilla, fuentecilla,
fuente de la Jansomera;
tan callada, tan sencilla,
dando vida a la pradera.

A ti llegó un segador
con su sombrero de paja;
a tu lado se tumbó,
te besó y bañó su cara;
después, con la hoz al hombro
cantando iba hacia su casa.

Con el agua que sobró
llenaste las tres pocitas,
que al atardecer vendrán
a beber las ovejitas.
Al pequeño corderito
se le concedió el favor
de beber de tu boquita
en los brazos del pastor.

Fuentecilla, fuentecilla,
fuente de la Jansomera,
ojalá el cielo te diera
fuerza para resurgir
por debajo de la piedra;
que el pajarillo está triste
y la pradera muy seca
y el segador, desde el cielo,
besar tus labios quisiera,
fuentecilla, fuentecilla,
fuente de la Jansomera.

12. EL POZO

Silenciosa, pausada, transparente,
colándose debajo de la roca,
se ofrece al pueblo como miel en boca,
abrazándolo al par con la otra fuente.

Y chorro a chorro el Pozo va llenando
y del Pozo se baja al lavadero,
para hacer su trabajo llevadero
a mujeres que duro van frotando.

Calman su ansia las mulas al pasar,
calma su sed de paso el campesino;
va llenando la poza a rebosar
y saltando reanuda su camino
sin parar de correr y de cantar,
hacia los huertos, su último destino,
¡que hay mucha sed y hambre que calmar!

13. LA ANTIGUA FUENTE DEL PUEBLO

Protegida de cualquier inclemencia,
en su urna de piedra bien labrada,
caños de bronce lucían su morada,
trabajo de hombres sabios con paciencia.

Su fama se extendió por la comarca,
era la admiración de visitantes;
sus caños poderosos y constantes,
y su sabor que era del pueblo marca.

Cuántos botijos, baldes, cantarillos
rebosaron de su agua en cientos de años;
cuántos ancianos, hombres, chavalillos
frotaron con sus aguas, suaves paños.
Y luego en el pilón, los borriquillos
olvidando sus penas y sus daños.

14. LOS HUERTOS

Bancales y bancales sujetados
de interminables muros, piedra a piedra,
tan fecundos, tan bellos, tan alzados,
trepando en la montaña cual la hiedra.

Desde el Prado al Hortal o Cofradía,
los Hornos, el Vivar, Cuadrón, el Pozo;
los Posteros, los Caños, todo un gozo
ver el agua corriendo día a día.

Del Cerro Blanco a Valdelaparra,
Boquetas, Valle, río, lavadero,
que no puede nombrar el que lo narra,
los perdí del cerebro en el trastero.

Todos tan productivos, tan fecundos,
excelentes alubias y variadas;
muchos sitios corrí por esos mundos
y en muy pocos las vi yo superadas.

Y las patatas y las alpetacas,
todo un manjar para los animales;
el alto cáñamo de donde sacas
las hebras para cuerdas y ramales.

Los frutales pegados a la orilla,
ciruelos claudios, melocotonares;
su presencia y sabor, ¡qué maravilla!,
las higueras, nogales, membrillares.

El origen del fondo de los tiempos:
romanos, godos, iberos o moros;
cuánto sudor echado, cuántos lloros
y cuánto superar los contratiempos.

Pero por siglos fue recompensado,
dieron vida, vencieron las hambrunas;
todo el pueblo fue bien alimentado
a pesar de no hacer grandes fortunas.

--

15. EL HERRERO

Paciente, concentrado en su trabajo,
arados, herramientas, herraduras;
siempre presto a aliviar las amarguras
allá en su fragua, por el Barrio Bajo.

La bondad y prudencia eran su regla,
su buen hacer, la norma de su vida;
la gente toda, siempre agradecida,
hay garantía total en lo que arregla.

Y hasta en invierno, con la nieve fría,
si algún chico le daba el tiriteo,
su fragua siempre abierta la tenía,
ni una mala palabra o gesto feo.
Si Machado te hubiera conocido,
a tu fragua, Vicente, habría arribado
y ese tu buen hacer agradecido
con un vino a la lumbre degustado.

16. MATUSALÉN

Alto, encorvado, alforja en los hombros,
doblado por los años y la vida,
serio el rostro y con el alma herida,
arrastrando de guerras los escombros.

Contaban que de joven se cargaba
al hombro piedras para lesionarse;
de la guerra de Cuba así librarse,
esa obsesión fatal le atormentaba.

Hoy sereno, paciente, cabizbajo,
cada mañana, la azadilla en mano,
va a su huerto feliz y su trabajo,
que es su vida, su ley, su Dios cristiano.
Por el Valle se pierde su figura,
entre el verdor, la bruma y la espesura.

17. EL CARTERO

Cada mañana, al nacer el día,
Quijano andante, su rocín montando,
por el camino de Ágreda salía
muy ufano el cartero cabalgando.

Siempre en su boca un saludo amable
o una canción, sonata matutina;
campechano, su voz ronca, agradable,
se dejaba escuchar por cada esquina.

Por San Antón partir se le veía
por el camino angosto y pedregoso;
misión ineludible cada día,
su caballo con paso presuroso.

Bordeando los valles y montañas
va el camino ascendiendo hasta el Quemado;
tejones, zorros y otras alimañas,
conejo, jabalí, sierpe timado.

Ya los campos de Dévanos pasados,
adentrarse entre robles y encinares;
los márgenes de Añamaza alcanzados
que viste de verdor esos lugares.

Mil peligros pasó, mil aventuras
a través de los días y los años;
nieves, tormentas y noches oscuras,
bondad y buen humor fueron sus paños.

Como el día que nos relató
que unos bandidos trataban de asaltarle;
a su caballo tan fuerte espoleó,
ni entre varios pudieron sujetarle.

O el día que al pasar por el Quemado
casi un metro la nieve le cubría;
su caballo, valiente y esforzado,
a saltos el peligro deshacía.

Y a la noche, de vuelta para casa,
siempre con la sonrisa en el semblante;
le vieras tan ufano cuando pasa
Quijote a lomos de su Rocinante.

18. LOS MAESTROS

Cae la tarde, se cerró la escuela,
se va la chiquillada dispersando;
ya lejano el bullicio va quedando,
algunos por la Plaza gastan suela.

Saca el sol fuerzas en su final curva;
lanza rayos dorando las montañas;
luce en casas, en huertos y cabañas;
brilla en roquedos, la intimidad turba.

Entre el pueblo y el río serpentea
la estrecha carretera blanquecina;
pinta el reguero una cinta fina
que agita el viento y que el sol la vea.

Los maestros, llenando soledades,
del bullicio y miserias alejados,
pausados, relajados, animados
en su paseo a olvidar maldades.

Un maestro de mayores, dos maestras
a los que se les une el secretario;
de gozo y de alegría dando muestras
en el atardecer, paseo diario.

Del pueblo a la Trinchera con su peña
que blanca asoma hacia el hondo río,
para luego tornar y huir del frío
y la noche que lenta se despeña.

Hacia su casa y su frugal banquete,
que son tiempos de hambre de posguerra;
llenando de ilusiones el tapete
y mañana a sembrar la nueva tierra.

19. EL CERRO

Hoy al amanecer subí hasta el cerro
por el camino que escarpado asciende;
un grupo de eras a sus pies se extiende
que mudas guardan hiel, sudor y hierro.

De unos tiempos que el día terminaba
cuando brillaban ya miles de estrellas
y seguían brillando todas ellas
cuando el día siguiente comenzaba.

El tomillo, el espliego, las aliagas
se aferran al ribazo pedregoso;
solo falta el humano laborioso
que cortaba sus tallos entre llagas.

¡Impertérrito aguantas temporales!,
¡nadie sube a contarte ya sus males!

20. PRIMAVERA

Era avanzada ya la primavera,
días azules, cielos transparentes;
rebosantes los chorros de las fuentes,
soltaba ya el frutal su flor primera.

Solíamos los chicos en las fiestas
explorar de la tierra las entrañas;
guaridas de culebras y de arañas,
bajar barrancos y subir las cuestas.

Y gustar de los frutos primerizos
y hablar de los amores incipientes:
«Yo haría feliz a la de rizos…».
«Yo a la rubia compraba unos pendientes…».
Y eran lisas las piedras del camino,
y qué liso en mi sueño era el destino.

21. EL HORNO

A la espalda del juego de pelota,
el horno vecinal se recostaba;
entre fuego y sudor el pueblo hallaba
el pan elaborado gota a gota.

Las aliagas, previamente apiladas,
secas ansiaban explotar al fuego;
las mujeres, hogazas preparadas,
se afanaban en medio del trasiego.

Suelta el horno un chorro de calor,
una gruesa mujer cae desmayada;
en volandas la sacan con vigor;
bajo el sayal, blancura, aire, nada.

Y siguiendo su turno riguroso,
todo el pueblo tendrá la recompensa:
el rico y blanco pan en la despensa,
compañero de viaje tan gustoso.

Hoy el horno deshecho clama al cielo;
ni una señal de su obrar primoroso
que al cielo repartió tanto consuelo.

22. NAVIDAD EN EL PUEBLO

Pasaron ya las tardes del otoño,
doradas por un sol que resistía
acortar su camino cada día
por dar color a encinas y al madroño.

Paró ya el traqueteo machacando
el cáñamo al abrigo de pajares;
campo arado por todos los lugares,
se teje lana, el frío barruntando.

Llegó la Navidad con blanco manto,
fogatas por los huertos y pastores
guardando su rebaño y, mientras tanto,
en la iglesia el belén, luz y colores.

Luego ya, al acercarse medianoche,
a misa el gallo llama el campanillo;
un pastor que traía un corderillo
y adoración del Niño como broche.
Todo fue gozo en torno al portalillo,
todo calor humano aquella noche.

Van saliendo las gentes enfundadas,
un viento frío silba en callejones;
por el campo se asientan las heladas;
por las frentes heladas, ilusiones.

23. AÑO NUEVO

El Año Nuevo se vistió de blanco
quizás para anunciar año de bienes;
cubren todos sus rostros y sus sienes
mientras suelta el tejado helado llanto.

Suenan las paletadas por las calles
abriendo golpe a golpe los senderos;
van soñando en los días venideros
de fecundo cereal, de hoces y dalles.

Mujeres, niños, machos a la fuente
que llama con continuo resonar;
como la de Berceo en su cantar,
fría en verano, hoy salía caliente.

Por el juego pelota unos lamentos,
se resiste a nacer el hijo amado;
tías comadres, juntas a su lado
para hacer menos duros los momentos.

Ya el padre presto, el macho está alisando,
a buscar al doctor ya se prepara;
en peligros y esfuerzos no repara,
un momento feliz está llegando.

¡Alto, alto! De dentro están gritando,
el niño ya asomó la cabecita;
ya las manos ansioso está agitando
en busca de la teta calentita.

Y así fue un Año Nuevo y celebrado,
y año a año volverlo a celebrar
en un jardín del cielo descolgado
que invitaba a vivir, soñar, volar.

24. CIGUDOSA

Tacita colocada allá en lo hondo
por manos de unas gentes laboriosas,
te besa con sus aguas cariñosas
el Alhama, montañas por el fondo.

Pequeño edén, jardín en un paraje
de montañas abruptas, pedregosas;
entre espinas se dan las bellas rosas
y tú el color llevas como equipaje.

Esa mezcla de sol, agua y abrigo
será de los frutales dulce cuna:
sabrosa tu manzana cual ninguna,
colorada cereza, dulce higo.
Cobre y plomo con plata almacenabas
y en tu alta torre todo custodiabas.

25. VIRGEN DE LOS ULAGARES

Virgen de los Ulagares
entre campos de trigales;
consuelo de nuestros males,
guía y luz de estos lugares.

Refugio de peregrinos,
cobijo de labradores
que entre penas y sudores
a ti guían sus caminos.

Cuando amenazan tormentas,
alzan a ti sus suspiros
y tú a las nubes das giros
y los peligros ahuyentas.

El pastor su soledad
rompe al alzar su mirada
y ver en el campo alzada
tu ermita todo beldad.

Y mientras cuida el ganado,
te envía humilde plegaria
y en su rutina diaria
saluda alzando el cayado.

Virgen de los Ulagares
de ti mi abuela me hablaba,
tu historia me relataba,
tus romances y cantares.

Decía se apareció
junto a unos ulagares,
y alguno la transportó
por la noche a otros lugares.

Por eso nuestros abuelos
suya la consideraban
con toda su alma la amaban
y ofrecían sus desvelos.

Virgen de los Ulagares,
qué sola estás en tu ermita;
que tu bondad no permita
más plagas a estos lugares.

Castilruiz y San Felices
jamás te abandonarán
y a tus plantas volverán
como en tus tiempos felices.